FEB - - 2009

SON

PROJETS ET EXPÉRIENCES AVEC LA MUSIQUE ET LES ONDES SONORES

Catalogage avant publication de Bibliothèque et Archives Canada

Parker, Steve

Son

(Collection sciences)
Traduction de : The science of sound.
Comprend un index.
Pour les jeunes de 8 à 14 ans.

ISBN 978-2-89000-843-4

1. Son - Expériences - Ouvrages pour la jeunesse. 2. Ondes sonores - Expériences - Ouvrages pour la jeunesse. 3. Musique - Expériences - Ouvrages pour la jeunesse. I. Titre. II. Collection: Parker, Steve. Collection Sciences.

QC225.5.P3714 2007   j534   C2006-942264-8

Pour l'aide à la réalisation de son programme éditorial, l'éditeur remercie :
Le gouvernement du Canada par l'entremise du programme d'aide au développement de l'industrie de l'édition (PADIÉ) ; La société de développement des entreprises culturelles (SODEC) ; L'association pour l'exportation du livre Canadien (AELC) ; Le gouvernement du Québec - Programme de crédit d'impôt pour l'édition de livres - Gestion SODEC.

Titre original : SOUND
Copyright © 2005 David West Children's Books
All rights reserved

Graphiste-illustrateur Rob Shone
Rédacteur Gail Bushnell
Iconographe Gail Bushnell

Pour l'édition en langue française :
Copyright © Broquet inc., Ottawa 2007
Dépôt légal — Bibliothèque nationale du Québec
Tous droits réservés
1er trimestre 2007

Traduction Norman Rickert
Révision Jeanlou Mallette-Carrier
Infographie Chantal Greer

ISBN 978-2-89000-843-4

Tous droits de traduction totale ou partielle réservés pour tous les pays. Imprimé en Malaisie. La reproduction d'un extrait quelconque de ce livre, par quelque procédé que ce soit, tant électronique que mécanique, en particulier par photocopie, est interdite sans l'autorisation écrite de l'éditeur.

Origine des photographies :
Abréviations : h-haut de la page, c-centre, b-bas de la page, d-à droite, g-à gauche

Pages 6, 8, 12, 16, 20hg - Corbis Images ; p. 20hd – Corel ; p. 4h, 26 (CSU Archive/Evevett) - Rex Features Ltd.

Tous les efforts ont été accomplis pour contacter les détenteurs d'un droit d'auteur afin d'obtenir l'autorisation de reproduire tout contenu de cet ouvrage. Toute omission sera rectifiée dans les impressions subséquentes en avisant les éditeurs.

Nous remercions particulièrement les figurants qui apparaissent sur les photos : Meshach Burton, Sam Heming De-Allie, Annabel Garnham Andrew, Gregson, Hannah Holmes, Molly Rose Ibbett, Margaux Monfared, Max Monfared, Charlotte Moore, Beth Shon, Meg Shon, William Slater, Danielle Smale et Pippa Stannard.

SON

PROJETS ET EXPÉRIENCES AVEC LA MUSIQUE ET LES ONDES SONORES

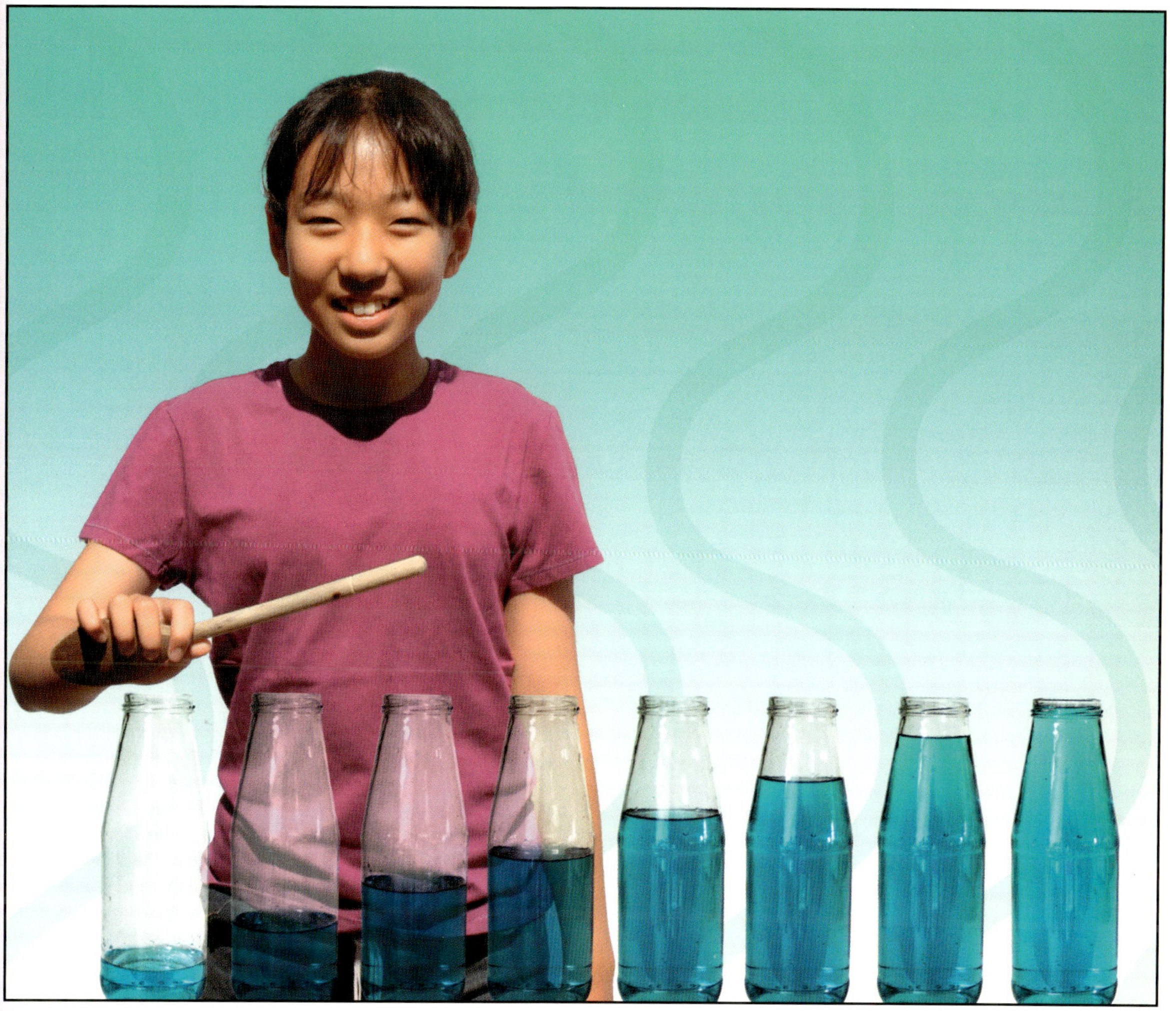

STEVE PARKER

97-B, Montée des Bouleaux
Saint-Constant, Qc, J5A 1A9
Tél. : 450 638-3338 Téléc. : 450 638-4338
Internet : www.broquet.qc.ca/Courriel : info@broquet.qc.ca

TABLE DES MATIÈRES

6 Qu'est-ce que le son ?

8 Sons sous l'eau

10 Sons faibles... ou ... FORTS !

12 Sons graves et sons aigus

14 Entendre des sons

16 Localiser le son

18 Vitesse du son

20 Réflexion des sons

22 Produire des sons

24 Isoler les sons

26 Transmettre des sons par fil

28 Enregistrer les sons

30 Historique

31 Glossaire

32 Index

Des premiers téléphones...

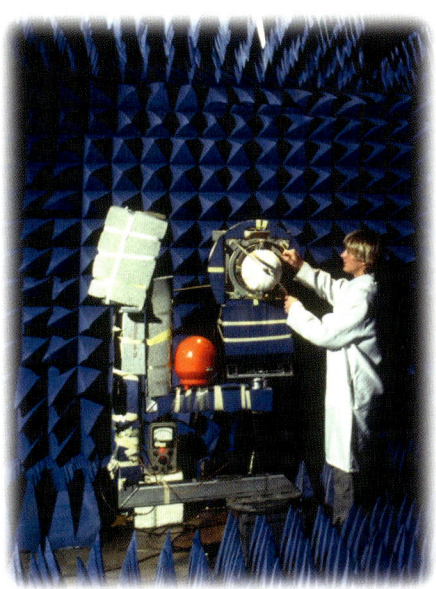

...aux salles insonorisées...

...ainsi qu'aux avions qui dépassent la vitesse du son, la science du son fait des pas de géant à une vitesse vertigineuse.

INTRODUCTION

Le seul endroit où il n'y a aucun son est dans l'espace. Sur la Terre, il y a toujours des sons. Certains sons ne peuvent être captés par notre ouïe, puisqu'ils sont trop faibles, mais certains instruments scientifiques et certaine espèces animales peuvent les détecter. Le son joue un rôle très important dans nos vies : parler, écouter la radio ou bien endurer le bruit exaspérant du trafic. Le son joue également un rôle primordial dans le domaine de la science et de la technologie. La science du son s'appelle l'acoustique. Cette science a permis à des ingénieurs de construire des machines qui utilisent les ondes sonores pour briser des roches, mesurer des distances avec précision, et voir des images provenant de l'intérieur du corps humain. Tous ces processus, domaines d'études et divers aspects découlent de notre connaissance de la science du son.

COMMENT ÇA FONCTIONNE

Les tableaux suivants expliquent les concepts scientifiques formant la base de chaque projet, ainsi que leur fonctionnement.

Prépare chaque projet avec soin et suis les instructions. N'oublie pas que les vrais savants pensent à la sécurité en premier lieu.

Quand tu vois ces symboles :

 Demande l'aide d'un adulte

 Ce projet doit être effectué à l'extérieur

 Il est possible que des outils coupants soit nécessaires

 Prépare la surface de travail en vue d'un travail salissant

ESSAIE POUR VOIR

Ces tableaux proposent diverses idées intéressantes à expérimenter afin d'en savoir davantage sur le son.

Qu'est-ce que le son ?

Le son est un mouvement particulier de va-et-vient qu'on appelle vibration. Tout corps ou objet qui vibre plusieurs fois durant une seconde émet des sons ou ondes sonores. Celles-ci se déplacent dans les airs. Les ondes sont des mouvements de ces particules minuscules qu'on appelle atomes et molécules, et sont les composantes de l'air. Tu ne peux pas voir ce type d'ondes, mais tu peux parfois les ressentir.

L'espace est silencieux, puisqu'il ne contient pas d'air (ou autre substance) pour pouvoir émettre des vibrations et envoyer des ondes sonores.

Projet : construire un canon acoustique

Canon acoustique

Il te faut

- un ballon ;
- un large cylindre en carton ;
- un carton mince ;
- des ciseaux ;
- du ruban adhésif ;
- de la colle ;
- une cuiller en bois ou en bâton.

1 Découpe soigneusement le col du ballon. Un ballon rond et large est idéal pour ce type de projet.

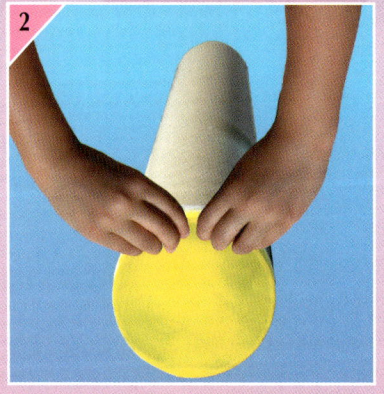

2 Étire la peau du ballon sur une des extrémités du large cylindre afin qu'elle soit suffisamment tendue. Colle-la fermement autour des extrémités.

3 Plie le carton pour former un cône et colle les bordures avec du ruban adhésif. Taille les extrémités du cône avec des ciseaux en laissant un trou de la largeur d'un pouce à l'extrémité la plus étroite.

Puissance des ondes sonores

Les ondes sonores subissent des variations de pression atmosphérique. Dans les zones de haute pression, les minuscules particules sont plus rapprochées dans l'air ambiant. Dans celles de basse pression, les particules sont plus éloignées. Le cône agit comme un entonnoir en rapprochant les ondes et en augmentant la pression.

Le ballon qui vibre génère des vibrations acoustiques.

La pression des ondes sonores augmente.

Les ondes sonores voyagent à travers l'air.

Boum !

Taille des quilles en carton et installe-les sur le côté avant du canon. Frappe la membrane tendue du ballon d'un petit coup vif et sec avec la cuiller ou le bâton. Les ondes sonores vont être « projetées » à l'extérieur du trou, et la pression générée va déplacer les quilles. Jusqu'à quelle distance peux-tu déplacer celles-ci ?

Fais-en l'expérience

Modifie le canon acoustique en posant une membrane de ballon à chaque extrémité. Place le canon en position verticale et pose de petits objets, par exemple des perles, sur le dessus. Qu'arrive-t-il lorsque tu frappes la membrane inférieure du canon ?

4 Taille des supports avec le carton. Trace le contour du cylindre, comme il est indiqué ci-dessus, pour l'ajuster correctement et découpe soigneusement les supports.

5 Colle les supports au cylindre. Puis relie le cône au tube, à l'extrémité opposée du ballon. Le cylindre doit solidement reposer sur les supports (tu peux ajouter des supports additionnels).

Sons sous l'eau

Les sons constituent des vibrations de particules minuscules qui composent la matière. Nous entendons habituellement les ondes sonores qui traversent l'air. Il existe toutefois d'autres substances qui permettent la transmission des sons. On appelle ces substances supports sonores, qui incluent des liquides tels que l'eau, des solides tels que le bois et le métal, ainsi que les plastiques.

Un sous-marin émet des impulsions sonores afin de déterminer si elles se réfléchissent sur des objets proches. On appelle ce phénomène échosondage ou sonar.

Les dauphins communiquent sous l'eau au moyen de sifflements, cris, mugissements, grincements et autres bruits. Sous l'eau, les sons se transmettent quatre fois plus rapidement que dans l'air.

Projet : expérimenter comment s'effectue la transmission des sons sous l'eau et avec d'autres substances

Sons sous l'eau

Il te faut

- un aquarium de grande taille ;
- des gobelets en plastique ou en papier ;
- une paille.

Hmm, clics, blips, impulsions !
Place un gobelet sur une des parois verticales de l'aquarium, la base parallèle à la surface du verre, et mets ton oreille à l'extrémité ouverte du gobelet. Ton assistant insère la paille dans l'eau et souffle dedans en produisant des sons (fredonnement. Demande-lui de chantonner plusieurs fois à des intensités différentes et en produisant des sons aigus ou graves.

De préférence, le type d'aquarium pour le projet doit être pourvu de parois verticales en verre plat. N'utilise pas un aquarium rempli de poissons. Ces derniers risquent de se blesser gravement.

Ondes qui voyagent dans l'eau

Les ondes sonores traversent l'eau de la même façon que dans l'air (voir page précédente). Les sons produits par la paille font vibrer (ou génèrent un mouvement d'aller-retour) les particules d'eau avoisinantes, créant alors une zone de plus haute pression, suivie par une zone de plus basse pression et ainsi de suite. Les ondes de pression se propagent à travers l'eau et frappent les parois verticales de l'aquarium, qui vibrent légèrement elles aussi.

Les ondes sonores voyagent comme des ondes de pression à travers l'eau.

Les ondes sonores traversent l'eau, le verre, le gobelet et l'air puis entrent dans l'oreille.

Toc toc

Les sons voyagent plus rapidement et plus loin lorsqu'ils traversent les solides durs. Frappe doucement un tuyau d'eau en métal de ta maison avec une cuiller métallique. L'assistant qui se trouve dans une autre pièce devrait entendre les coups.

Pose le fond d'un verre droit contre le mur d'une pièce (comme le gobelet ci-dessous). Peux-tu entendre quelqu'un parler de l'autre côté ?

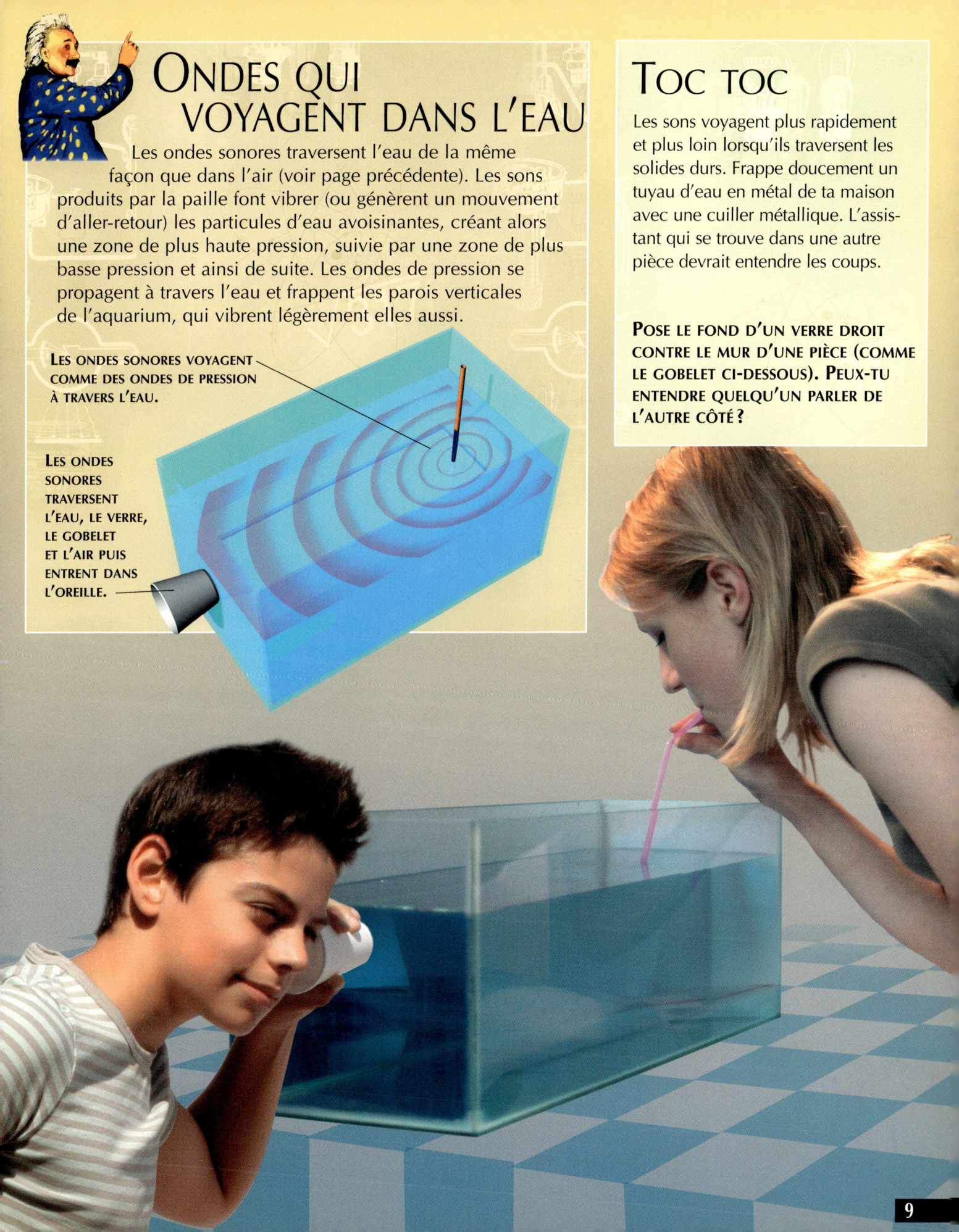

Sons faibles... ou ....forts!

Quelle est la différence entre un chuchotement et un cri ? Ce dernier est plus fort ! L'intensité, ou le volume, constitue une des caractéristiques essentielles du son. Elles permet de mesurer le niveau d'énergie des ondes sonores. Plus les vibrations d'un objet sont grandes, plus le son, ou bruit, est fort.

Le corps creux d'une guitare acoustique est doté d'une caisse de résonance.

Projet : fabriquer un instrument à cordes - augmenter l'intensité sonore de l'instrument

Instrument à cordes

1 Coupe un carré de contreplaqué ayant la même taille qu'un des côtés de la boîte. Perce un petit trou au centre de la feuille de contreplaqué.

2 Fixe solidement une extrémité du cylindre en carton à la feuille de contreplaqué, en le plaçant au milieu sur un côté, près de l'extrémité. Taille soigneusement une petite fente à l'extrémité supérieure du tube ou du cylindre, sur le côté le plus proche du trou. Fais un gros nœud avec un bout de la corde. Enfile l'autre extrémité à travers le trou. Remonte la corde et glisse l'extrémité supérieure dans la fente afin que la corde soit fermement étirée et bien tendue.

Maintenant, pince la corde... peux-tu déterminer l'intensité du son ?

3 Découpe avec soin la face supérieure de la boîte en laissant une bande étroite autour des extrémités.

4 Maintenant que la surface est découpée au-dessus, découpe soigneusement un cercle sur la face avant.

5 Colle la feuille de contreplaqué sur la bande étroite de l'extrémité supérieure et laisse sécher.

Il te faut

- une boîte en carton ;
- un tube, un cylindre ou un goujon en carton ;
- petite feuille de contreplaqué ;
- de la corde ;
- de la colle ;
- des ciseaux.

Hauteur = Intensité

Avec une feuille de contreplaqué sur la table et aucune caisse de résonance, la corde ne fait que vibrer. Le son est très faible. Lorsqu'on ajoute une caisse de résonance, la feuille de contreplaqué vibre aisément. Les vibrations du contreplaqué se transmettent à la boîte, ainsi qu'à l'air à l'intérieur. Ceux-ci vibrent aussi. Le son produit est beaucoup plus fort. En imaginant les ondes sonores comme des lignes qui vont de haut en bas, on constate que la hauteur, ou l'amplitude, du son correspond au volume ou à l'intensité sonore.

LES ONDES SONORES SE RÉFLÉCHISSENT SUR LES PAROIS INTÉRIEURES DE LA BOÎTE ET LA FONT VIBRER.

UN SON FAIBLE PRODUIT DES ONDES DE FAIBLE AMPLITUDE.

UN SON FORT PRODUIT DES ONDES DE FORTE AMPLITUDE.

UN SON PLUS FORT

MAINTENANT, PINCE DE NOUVEAU LA CORDE. COMPARE L'INTENSITÉ DU SON AVEC CELUI PRODUIT AUPARAVANT SANS LA BOÎTE (ÉTAPE 2). LE SON DU DEUXIÈME ESSAI DEVRAIT ÊTRE PLUS FORT. LA BOÎTE SERT D'AMPLIFICATEUR ACOUSTIQUE, COMME L'EXPLIQUE L'ILLUSTRATION EN HAUT À DROITE. QU'ARRIVE-T-IL LORSQUE TU METS UN DRAP AUTOUR DU CERCLE DÉCOUPÉ ?

Encore une fois

Le volume de l'instrument dépend en partie de la force que tu appliques en pinçant la corde. Un pincement plus fort produit une vibration plus intense, donc le son est plus fort. Fabrique un deuxième instrument avec une plus petite caisse de résonance. Qu'est-ce qui se passe ?

ÉTIRE LE BOUT DU CYLINDRE POUR SERRER DAVANTAGE LA CORDE TOUT EN LA PINÇANT. REGARDE À LA PAGE SUIVANTE.

12

Sons graves et sons aigus

Certaines sonorités sont très graves ou basses, telles que le tonnerre ou les réacteurs d'avion. D'autres sont aigües ou perçantes, telles que les cris ou le chant des oiseaux. Cette caractéristique sonore s'appelle ton hauteur du son. Celui-ci varie selon le nombre de vibrations, ou longueurs d'onde, émises par seconde, mieux connues sous le nom de fréquence.

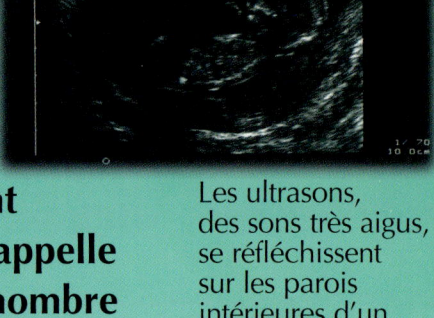

Les ultrasons, des sons très aigus, se réfléchissent sur les parois intérieures d'un organisme par exemple ce fœtus dans l'utérus.

Les éléphants « parlent » en émettant des grondements si bas que nous ne pouvons les entendre.

Projet : fabriquer un xylophone-bouteille

Verse de l'eau dans chaque bouteille ou bocal de verre. Augmente graduellement la quantité d'eau des contenants suivants afin que le premier soit presque vide et le dernier presque plein.

Xylophone-bouteille

Accorder le xylophone

Frappe doucement chaque bouteille. Le son change de tonalité, et la hauteur tonale augmente en passant de la bouteille presque vide jusqu'à celle presque pleine. Ajoute ou retire de l'eau à chaque bouteille, si nécessaire, pour reproduire les notes de la gamme musicale : do, ré, mi, fa, sol, la, si, do. Maintenant, tu es prêt à jouer une mélodie !

Il te faut

- huit bouteilles ou bocaux en verre de la même grosseur ;
- de l'eau ;
- une cuiller en bois ou un bâton.

Moins d'air = Plus haute fréquence

Lorsque tu frappes une bouteille, celle-ci et l'air à l'intérieur vibrent. La bouteille la plus vide contient la plus grande quantité d'air et vibre le moins. Son ton est bas, et ses ondes sont longues. Ce contenant possède une basse fréquence nombre de longueurs d'ondes par seconde). La bouteille la plus remplie contient la plus petite quantité d'air. Celle-ci produit les vibrations et la hauteur de son (ou fréquence) les plus élevées.

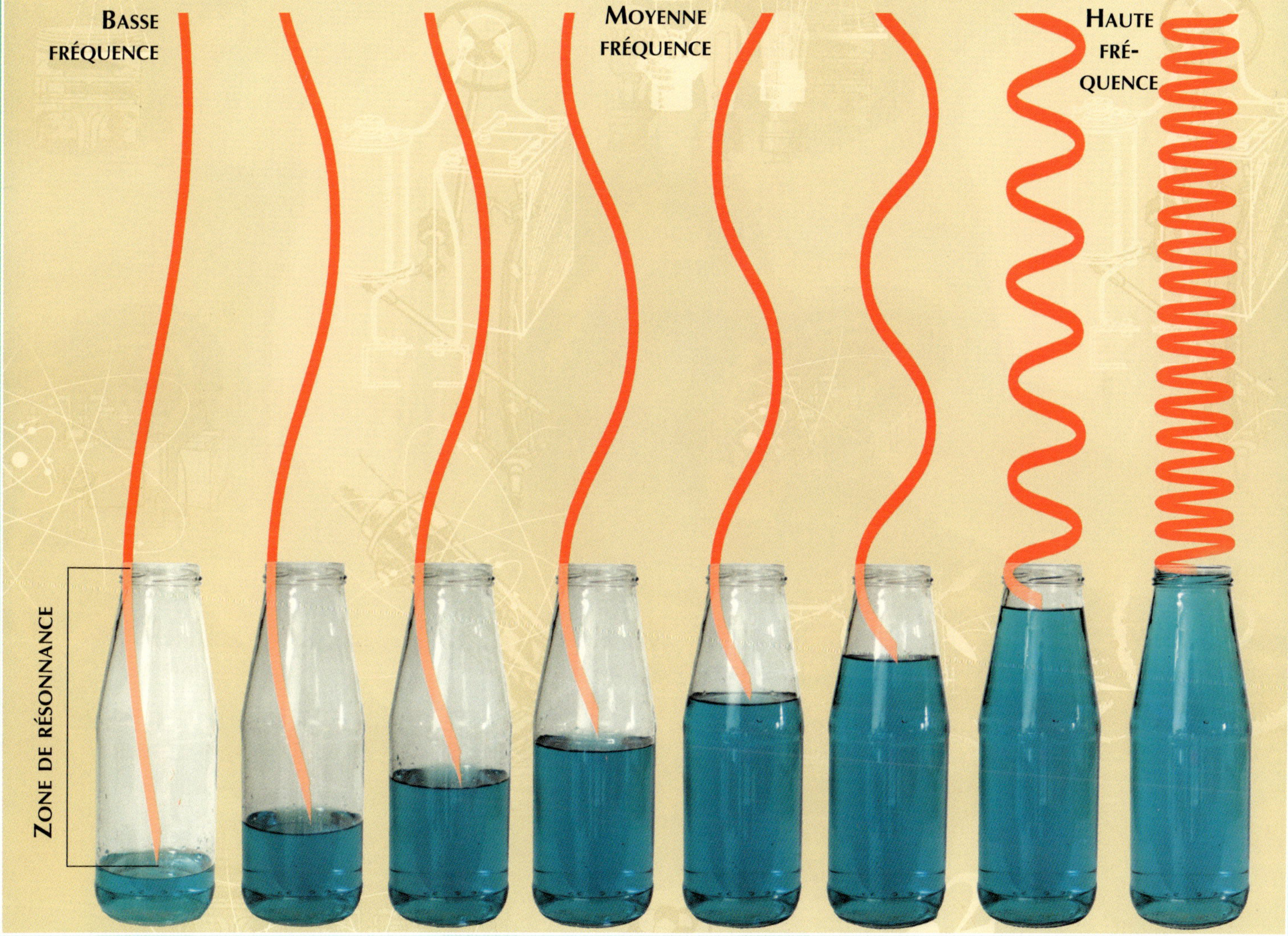

Basse fréquence

Moyenne fréquence

Haute fréquence

Zone de résonnance

Un verre qui vibre

Frotte délicatement avec un doigt humide le bord d'un verre à vin en le tenant par le pied. Peux-tu entendre un bourdonnement ?

Est-ce que le ton change en versant davantage de liquide dans le verre à vin ?

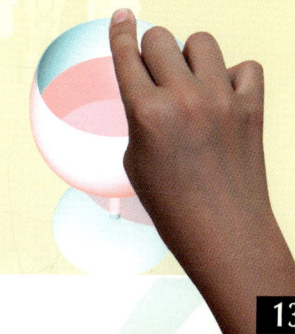

ENTENDRE DES SONS

Quand on met un coquillage contre son oreille, on peut entendre des sons embrouillés et on croirait entendre la mer.

Nos oreilles permettent de modifier les vibrations sonores en signaux nerveux. Les ondes sonores voyagent à travers la peau, les os, l'eau et les poils à l'intérieur de l'oreille en tant que vibrations. Celles-ci se transforment en signaux nerveux qui transmettent des messages au cerveau, ce dernier étant capable d'identifier le son. Les ondes sonores demeurent emprisonnées dans des objets vides comme les vases ou les coquillages.

PROJET : FABRIQUER UNE OREILLE ARTIFICIELLE

OREILLE ARTIFICIELLE

Fabrique un canon acoustique comme il a été illustré aux pages 6-7. Place le bout étroit d'un cône à l'extrémité du tube ou du cylindre, comme il est illustré ci-dessus.

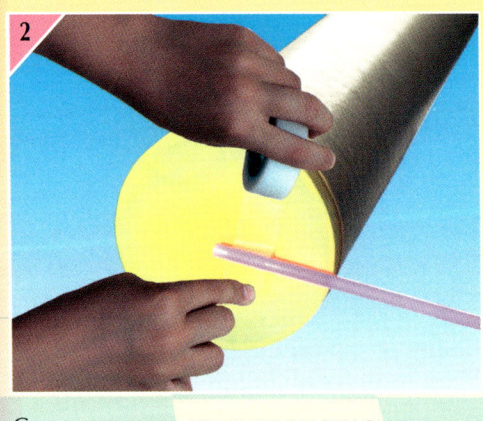

Colle une paille au milieu du ballon. Ajuste le cylindre de manière à ce que l'extrémité de la paille. Touche à peine la surface de l'eau. Le canon acoustique est prêt à devenir une oreille !

IL TE FAUT

- un ballon ;
- un large tube ou un cylindre en carton ;
- du carton mince ;
- du ruban adhésif ;
- de la colle ;
- une cuiller en bois ou un bâton ;
- un bol d'eau ;
- une paille.

OUVRE TES OREILLES

Les ondes acoustiques voyagent en passant par un tube, le conduit auditif de l'oreille externe, et font vibrer une membrane mince et tendue appelée tympan. Celle-ci transmet les vibrations aux trois osselets : le marteau, l'enclume et l'étrier. Ce dernier transmet les vibrations au fluide à l'intérieur du limaçon, ou cochlée, qui ressemble à une coquille d'escargot. Celles-ci produisent des ondulations qui remuent les poils microscopiques intérieurs, lesquels transmettent les signaux nerveux au cerveau.

- LIMAÇON = BOL D'EAU
- OSSELETS = PAILLE
- ONDES SONORES
- NERF CRÂNIEN (VERS LE CERVEAU)
- TYMPAN = BALLON
- CONDUIT AUDITIF = CYLINDRE
- OREILLE EXTERNE = CÔNE

VISUALISER LE SON

Un assistant frappe la boîte avec un bâton. Les vibrations sonores voyagent dans l'air et s'emmagasinent dans le cylindre, comme le feraient les sons qui passent par le conduit auditif. Les ondes atteignent ensuite le ballon, qui se met à vibrer comme ton tympan. Puis, les vibrations passent par la paille, comme elles le font lorsqu'elles atteignent les osselets. Elles produisent les ondulations que tu peux apercevoir à la surface de l'eau.

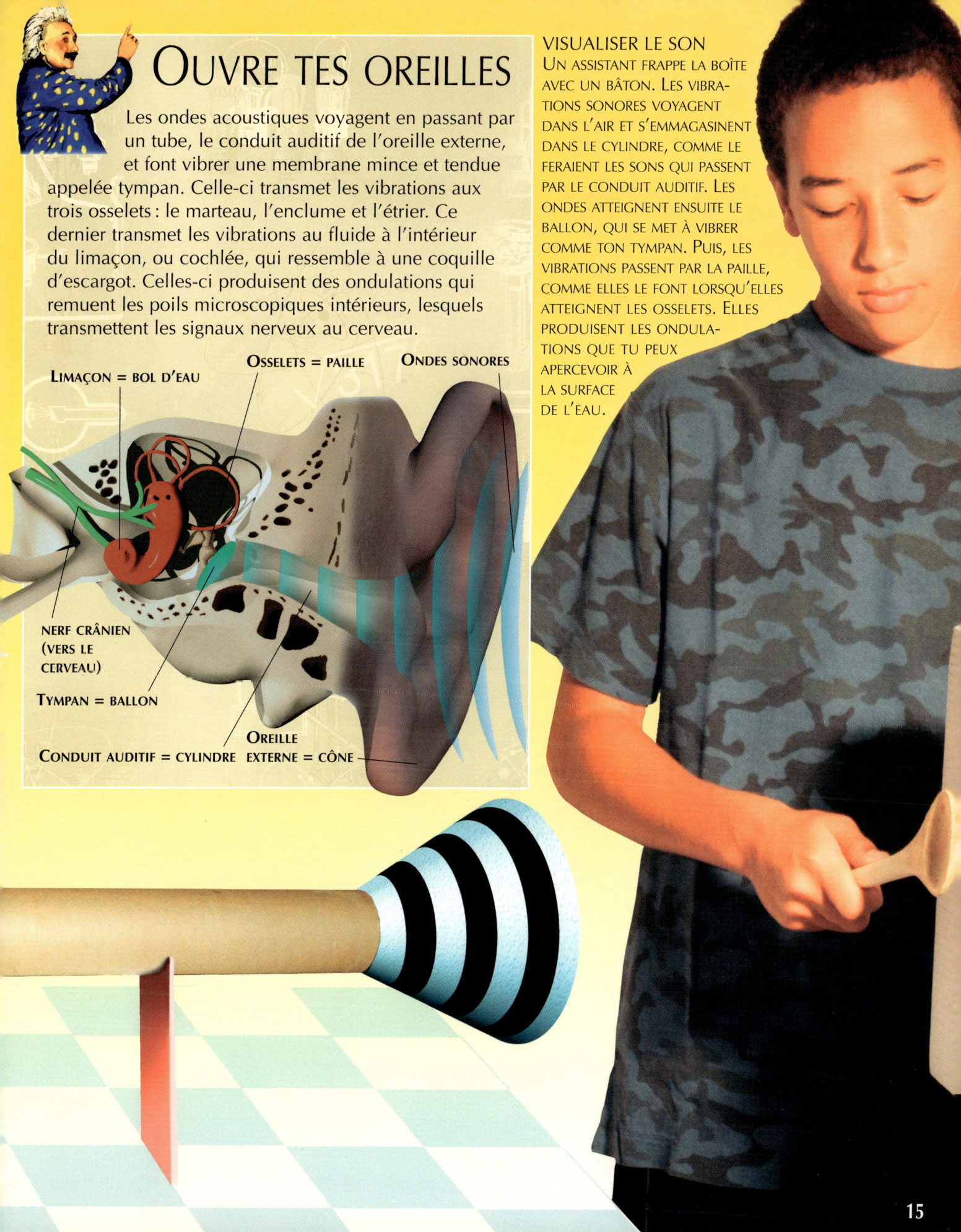

Les hiboux utilisent l'écoute stéréophonique pour repérer leurs proies.

Localiser le son

Ferme tes yeux et écoute attentivement. Tu pourras probablement déterminer l'origine d'un son : à droite, à gauche, de l'avant ou de l'arrière. La raison ? Parce que tu possèdes deux oreilles ! Chaque oreille est orientée en sens inverse ; quelques centimètres les séparent. Par conséquent, chaque oreille capte des sons légèrement différents qui sont analysés automatiquement par le cerveau. On appelle ce phénomène écoute stéréophonique ou écoute stéréo.

Breveté en 1880, le radiogoniomètre permit aux capitaines de localiser la direction d'un navire dans un brouillard épais.

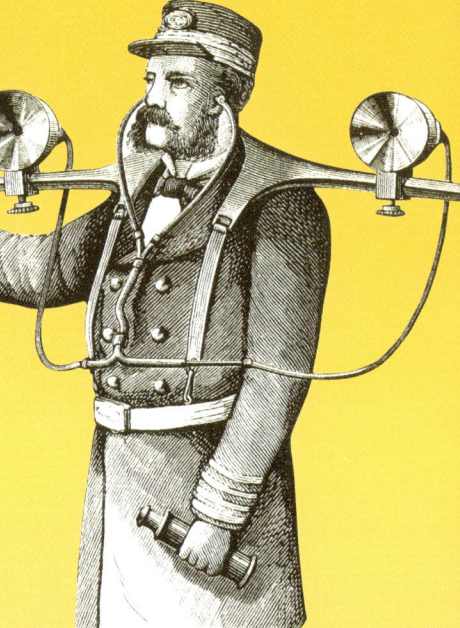

Projet : le radiogoniomètre stéréo

Radiogoniomètre stéréo

Il te faut

- Deux grandes feuilles de papier ;
- Deux mètres de boyaux en plastique souple ;
- du ruban adhésif ;
- une radio ;
- des ciseaux ;
- un bandeau (pour bander les yeux) ;
- des gobelets en plastique ;
- du fil métallique épais.

1 Fabrique un entonnoir comme illustré à la page 22. Introduis une extrémité du boyau (un mètre) à l'embout de l'entonnoir. Fabrique deux modèles.

2 Perce un trou dans la partie inférieure d'un gobelet. Introduis l'autre extrémité du boyau dans le trou pour l'ajuster correctement. Ne colle pas le boyau aux gobelets pour le moment.

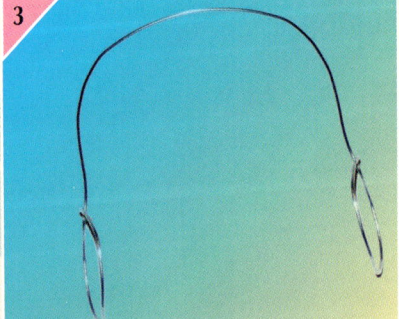

3 Façonne le fil métallique pour former le contour de ta tête. Forme une boucle à chaque extrémité et ajuste-les à tes oreilles.

4 Insère l'extrémité ouverte des gobelets dans les boucles. Fixe les boyaux aux gobelets. Place les « écouteurs » sur ta tête pour que les gobelets s'ajustent à tes oreilles.

Plus fort, plus tôt

À cause de la vitesse du son (voir page suivante), le bruit atteint une oreille avant l'autre. L'écart est de moins d'un millième de seconde, mais le cerveau le sait. Les sons diminuent également, et le cerveau va détecter une sonorité plus forte dans l'oreille la plus proche. Si des sons sont d'intensité égale dans les deux oreilles, cela signifie que tu fais face à la source sonore.

Le son dans l'oreille plus éloignée est capté plus tard et est moins intense.

Le son dans l'oreille plus proche est capté plus tôt et est plus intense.

Faire face à la musique

Mets ton bandeau sur les yeux. Tiens les entonnoirs au bout de tes bras, les cônes orientés vers l'avant. Ton assistant se déplace discrètement à un endroit inconnu et tient une radio à bas volume dans sa main. Ensuite, sers-toi du radiogoniomètre pour localiser le son.

Répète l'expérience sans utiliser le radiogoniomètre, tout en remettant ton bandeau. Est-ce plus facile de localiser le son ?

Derrière toi !

Déplace les entonnoirs dans des directions différentes, un peu comme un lièvre qui bouge ses oreilles séparément. Est-ce que cela te permet de mieux localiser la provenance du son ?

Observe ce qui se passe quand :
• tu échanges les boyaux afin qu'ils fonctionnent pour l'oreille opposée ;
• tu orientes le cône des entonnoirs vers l'arrière !

Vitesse du son

Les sons ne se transmettent pas instantanément. Ils prennent du temps, une période de temps plutôt longue dans le domaine scientifique. Les ondes sonores traversent l'air à une vitesse d'environ 340 mètres à la seconde (1 225 km/h), selon les conditions météorologiques. Les objets qui se déplacent plus rapidement que les ondes sonores voyagent à une vitesse supersonique.

Le premier aviateur à atteindre une vitesse supersonique fut Chuck Yeager en 1947, à bord de son avion-fusée Bell X-1.

Le 5 juin 1969, le Tu-144 de fabrication russe fut le premier avion commercial à dépasser le mur du son. Mais, contrairement à son rival similaire, le Concorde, le Tu-144 n'a jamais effectué de vols réguliers.

Lenteur du son

Il te faut

- un ballon ;
- un chronomètre ;
- du papier ;
- une cuiller ;
- une punaise ;
- du talc (poudre).

Projet : démontrer la lenteur du son

Ton assistant s'éloigne à une distance de 100 à 200 mètres. Quand tu es prêt à mettre en marche le chronomètre, fais signe à ton assistant. Il perce alors le ballon avec une punaise. Quand tu vois la poudre de talc qui s'échappe du ballon percé, mets en marche immédiatement le chronomètre.

À l'aide d'un entonnoir en papier, verse quelques cuillerées de poudre de talc dans un grand ballon.

Gonfle le ballon et attache-le au col. Emmène le ballon et le chronomètre dans un endroit en plein air, sûre et tranquille.

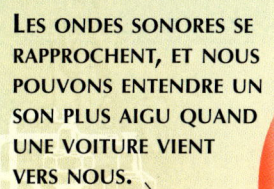

Les ondes sonores se rapprochent, et nous pouvons entendre un son plus aigu quand une voiture vient vers nous.

L'EFFET DOPPLER

La source sonore des objets se déplace légèrement vers l'avant entre chaque onde transmise; ainsi, les ondes sonores plus rapprochées ont une plus haute fréquence. Le contraire se produit avec les ondes plus éloignées. C'est ce qui produit le « neeeeow » des véhicules.

Les ondes sonores s'éloignent, et nous pouvons entendre un son plus grave quand une voiture passe à côté de nous.

MISE EN GARDE : DEMEURE SUR LE TROTTOIR ET NE VA PAS SUR LA CHAUSSÉE.

NOTE
Il te faut un lieu tranquille et des conditions météorologiques favorables pour entreprendre le projet, sinon les sons ne franchiront pas une distance suffisante.

FLASH... BOUM !
Tu devrais entendre le ballon qui explose presque aussitôt après avoir vu la poudre de talc qui s'échappait. Sois prêt à cette situation et arrête le chronomètre aussitôt que tu entends un boum ! Vérifie le temps écoulé sur le chronomètre. En étant situé à une distance de 340 mètres de ton assistant, tu entendras le son exactement une seconde plus tard. Si le temps écoulé est plus ou moins d'une seconde ajuste la distance avec ton assistant.

SON CONTRE LUMIÈRE

Le son voyage si rapidement que les ondes provenant de l'explosion sont captées par tes yeux presque immédiatement. Les ondes sonores sont un million de fois plus lentes, et c'est pourquoi tu entends l'explosion plus tard.

VITESSE DE LA LUMIÈRE (300 MILLIONS DE MÈTRES/SECONDE)

VITESSE DU SON (340 MÈTRES/SECONDE)

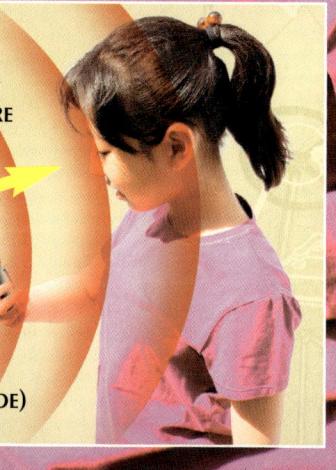

Les surfaces dures des canyons et des falaises produisent des échos qui ont des intervalles de temps allongés.

Réflexion des sons

Nous apercevons les ondes lumineuses qui se réfléchissent à la surface d'un miroir. Lorsque les ondes sonores rencontrent une surface dure et lisse, elles se comportent de la même manière. C'est ce qui se produit lorsque nous dirigeons nos cris vers une surface dure, une falaise ou un mur par exemple, éloignée de nous. Nous entendons les sons qui reviennent vers nous après un certain laps de temps. Cette réflexion du son s'appelle l'écho.

Les chauves-souris s'orientent dans l'obscurité en entendant la réflexion de leurs cris sur des objets avoisinants.

Projet : expérimenter la réflexion des sons

Réflexion des sons

Il te faut

- du carton ;
- des boîte à œufs ;
- un réveille-matin ou une radio ;
- un bandeau pour couvrir les yeux ;
- de la colle ;
- des ciseaux.

1 Enlève délicatement les couvercles des boîtes à œufs. Colle la partie inférieure des contenants sur une grande feuille de carton rigide pour créer un écran insonore.

2 Découpe quatre triangles de carton qui serviront de supports. Fixe deux d'entre eux à l'écran insonore, et les autres à la feuille de carton simple.

Installe l'écran insonore près du bord d'une table, les contenants à œufs orientés vers l'intérieur de la table. Place l'autre feuille de carton en l'inclinant à 45 degrés par rapport à l'écran insonore.

Réflexions sonores

Les deux feuilles de carton réfléchissent les ondes sonores de diverses manières. La surface molle et bosselée de l'écran insonore réfléchit piètrement les ondes sonores et a tendance à les brouiller (voir pages 24-25) ; ainsi, on n'entend pratiquement rien de l'autre côté de l'écran. La feuille de carton simple agit comme un « miroir sonore » et réfléchit suffisamment les ondes et on a l'impression qu'elles proviennent directement du carton.

Ondes sonores réfléchies par le carton simple.

Ondes sonores absorbées par l'écran insonore.

Entendre la réflexion sonore

Ton assistant pose un bandeau sur tes yeux et te fait tourner sur toi-même deux ou trois fois. Il place un cadran au tic-tac fort et clair, ou une petite radio à bas volume, près d'une extrémité de la table et éloigné de la feuille de carton simple. Écoute attentivement et dirige ton index dans la direction du son. En retirant ton bandeau, tu constateras que ton doigt était probablement pointé vers la feuille de carton simple.

Modifie l'angle formé entre le carton simple et l'écran. Est-ce que cela altère la provenance des sons les plus intenses ?

Deux cartons

Prends deux feuilles de carton simple et oriente-les à 45 degrés de chaque côté. D'où provient le son maintenant ?

Produire des sons

Notre boîte vocale — le larynx — contient les cordes vocales.

L'anche d'une clarinette fait partie de l'embouchure. Les touches influencent le ton ou le timbre sonore.

Divers instruments ou objets ont pour fonction de produire des vibrations sonores : membrane de haut-parleur, peau de tambour, corde de guitare ou tes cordes vocales. Une anche est une languette de bois légèrement souple, utilisée généralement pour les instruments à anche, comme les clarinettes, ceux-ci produisant des sons qui sont modifiés par les touches.

Projet : fabriquer un cornet de fête

Cornet de fête

Il te faut

- une paille de plastique ;
- du carton mince ;
- du ruban adhésif ;
- de la colle ;
- des ciseaux ;
- un compas ;
- une règle ;
- un crayon.

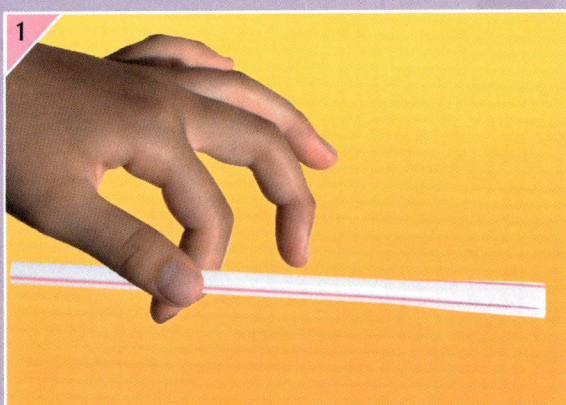

Aplatis une extrémité de la paille en l'écrasant avec une règle.

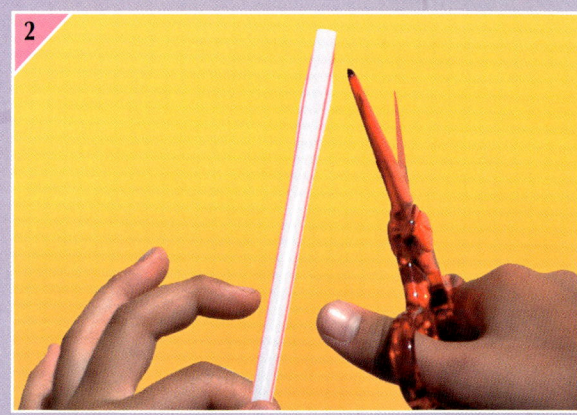

Taille avec soin l'extrémité aplatie de chaque côté de manière à former une anche en « V ».

Dessine un cercle sur le carton avec un compas. Découpe ensuite un segment du cercle, ainsi qu'un trou au milieu.

Enroule et colle les extrémités de la feuille afin de former un entonnoir.

Vibrations plaisantes

En soufflant à travers la fente étroite entre les deux anches de la paille, tu les fais vibrer. Les vibrations se transmettent au reste de la paille, ainsi qu'à l'air à l'intérieur qui vibre aussi afin d'augmenter l'intensité du son.

Les anches produisent des ondes sonores. **Ondes à l'intérieur de la paille.**

Air

La forme conique au bout du cor se comporte comme une trompette, en modifiant les ondes sonores afin de former un faisceau étroit.

Fwa da da !

Souffle dans la paille plusieurs fois pour faire vibrer les anches. Suggestions :
- Assure-toi que ta bouche recouvre les deux anches ;
- Ne mords pas les anches avec tes dents ou ta bouche pour qu'elles vibrent sans contraintes ;
- Essaie de souffler plus doucement ou plus intensément dans le cor.

Avec un peu de persévérance, tu réussiras à produire des sons semblables à ceux d'une clarinette !

Longueur de paille

Expérimente en insérant des pailles de longueurs différentes dans le cor. Constates-tu des changements aux sons produits ?

Trou

Qu'arrive-t-il quand tu perces un petit trou au-dessus de la paille ? En soufflant dans la paille, recouvre le trou avec un doigt, puis retire-le. Est-ce que la tonalité change ? (Voir pages 12-13.)

23

Isoler les sons

Nous désirons parfois nous débarrasser de certains sons ; nous pensons surtout aux bruits désagréables des machines, du trafic, des avions ou de la musique indésirable. Les isolants acoustiques sont des matériaux qui permettent d'absorber ou d'isoler les ondes sonores. La plupart des isolants sont souples et plutôt mous, et possèdent une surface touffue ou bosselée. Ils transforment l'énergie des ondes sonores en impulsions et en quantités de chaleur infimes dans leur structure interne.

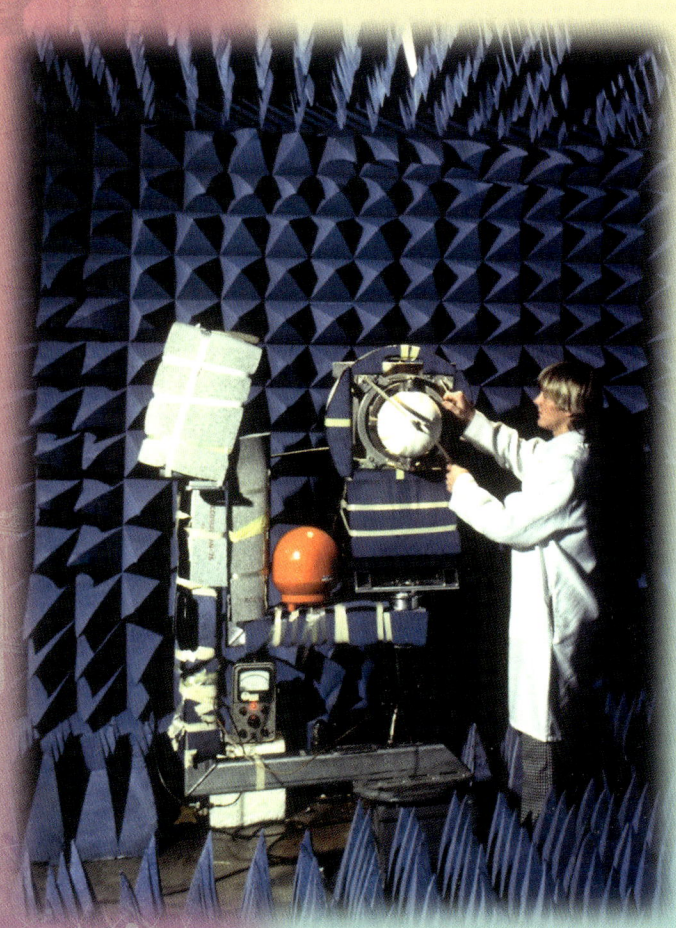

Des salles insonorisées sont spécifiquement conçues pour les expériences scientifiques.

Projet : fabriquer une boîte insonorisée

Boîte insonorisée

Il te faut

- une large boîte en carton ;
- des boîtes à œufs ;
- de la colle ;
- des ciseaux ;
- un réveille-matin ;
- une radio.

1 Utilise préférablement des contenants en carton plutôt que ceux en plastique pour ce projet. Enlève soigneusement les couvercles et conserve la base qui contient les œufs.

2 Colle les bases à l'intérieur, sur les côtés et au fond de la boîte en carton. En les collant au couvercle, laisse un espace autour des extrémités afin que le couvercle s'emboîte parfaitement.

SONS SILENCIEUX

Mets en marche la sonnerie d'un réveille-matin et place celui-ci dans la boîte insonorisée. Peux-tu encore l'entendre ? Place ensuite une petite radio dans la boîte. Change le volume sonore jusqu'à ce que tu ne puisses plus l'entendre à l'intérieur de la boîte. Note le niveau sonore du bouton ou du cadran de volume. Expérimente en utilisant d'autres isolants acoustiques comme il est suggéré ci-dessous. Change le volume sonore sur la radio comme auparavant jusqu'à ne plus rien entendre à l'intérieur. Lequel de ces matériaux absorbe le plus le volume sonore de la radio et constitue ainsi le meilleur isolant ?

Absorption d'énergie

Une partie des ondes sonores qui atteignent le matériau d'insonorisation est absorbée dans la structure interne de l'isolant, l'énergie adoptant d'autres formes. Une autre partie est réfléchie, s'embrouillant et s'éparpillant de manière aléatoire, les ondes étant trop faibles pour que nous puissions les entendre.

Une autre partie des ondes est réfléchie et s'éparpille aléatoirement (au hasard).

Ondes sonores originales.

Une partie des ondes est absorbée par l'isolant.

Les sons sont trop faibles pour que nous puissions les entendre.

Fais-en l'expérience

Expérimente divers matériaux pour recouvrir l'intérieur de la boîte, à la place des contenants à œufs. Voici quelques suggestions :

- éponges, plastique ou caoutchouc mousse ;
- petites boules de papier journal ;
- ouate ;
- vieux morceaux de tapis.

25

Transmettre des sons par fil

Alexander Graham Bell inventa le téléphone en 1876. (Photo) : il inaugure la première ligne téléphonique entre New York et Chicago en 1892.

Les vrais téléphones transforment les sons en signaux électriques ou en signaux laser qui peuvent être transmis par câble sur de très longues distances. Les sons peuvent également voyager à travers certains matériaux, comme il a été indiqué dans les pages précédentes. Un de ces matériaux est le fil ordinaire !

Projet : fabriquer un téléphone avec des gobelets

Téléphone-gobelet

1. Perce soigneusement un petit trou au fond de chaque gobelet avec le crayon aiguisé.

2. Passe le fil à travers le trou et fais un gros nœud à l'extrémité.

Il te faut

- des gobelets en plastique ou en papier ;
- du fil de longueur acceptable ;
- un crayon bien aiguisée.

Envoyer et recevoir

En parlant dans le gobelet, les ondes sonores de ta voix le font vibrer, particulièrement le fond du gobelet (le diaphragme est une membrane souple et mince qui vibre d'une manière similaire et est utilisée dans la plupart des microphones).

Ensuite, les vibrations voyagent à travers le fil bien tendu. L'inverse se passe pour le gobelet à l'autre bout du fil. Le fond du gobelet agit comme un diaphragme ou une membrane de haut-parleur, en vibrant pour ensuite transmettre les ondes sonores dans l'oreille.

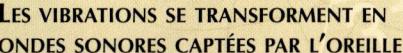

Les vibrations du fil font vibrer le fond du gobelet.

Les ondes sonores font vibrer le fond du gobelet.

Les vibrations se transforment en ondes sonores captées par l'oreille.

Les vibrations traversent la longueur entière du fil.

Les ondes sonores provenant de la bouche traversent l'air.

Allô, peux-tu m'entendre ?

Chacun d'entre vous doit tenir un gobelet dans la main, en l'agrippant doucement par le bord. Le fil doit rester bien tendu. Parle dans ton gobelet, alors que ton assistant pose le sien contre l'oreille afin d'entendre tes paroles. Puis, échangez les rôles : ton assistant parle, et tu écoutes.

Conversation à trois

Relie un fil et un troisième gobelet en le rattachant au milieu du fil principal. Est-ce que tous les trois pouvez poursuivre une conversation à trois (conférence téléphonique) ?

Observe ce qui arrive :
• en desserrant le fil ;
• en utilisant un fil de laine, un fil de coton ou un fil métallique mince.

27

Enregistrer les sons

La parole, la musique et les autres sons sont constitués de milliers d'ondes sonores d'intensité et de tons variables. Celles-ci peuvent être « captées » en tant que signaux électriques ; puis emmagasinées de diverses manières : sillons de vinyles, microperforations de DC et microbandes sur ruban magnétique ou disquette.

En 1877, Thomas Edison fut le premier à enregistrer des sons en inventant le premier phonographe.

Projet : fabriquer un tourne-disque

Tourne-disque

MISE EN GARDE : cet appareil peut endommager les vinyles. Prends plutôt un disque qui n'est plus utilisé ou qui sera jeté bientôt.

Il te faut

- une boîte en carton ;
- du papier ;
- une paille ;
- du carton mince ;
- de la colle ;
- des ciseaux ;
- du ruban adhésif ;
- un vieux vinyle ;
- un gobelet en papier ou en plastique ;
- une aiguille ;
- du carton épais ;
- un crayon ;
- de la pâte à modeler.

1. Colle une paille sur un morceau de carton épais. Cette base va maintenir la paille en position verticale sur le dessus de la boîte.

2. Avec un crayon aiguisé, perce un petit trou sur un côté du dessus de la boîte. Passe la paille par le dessous, et fixe-la et sa base fermement en place.

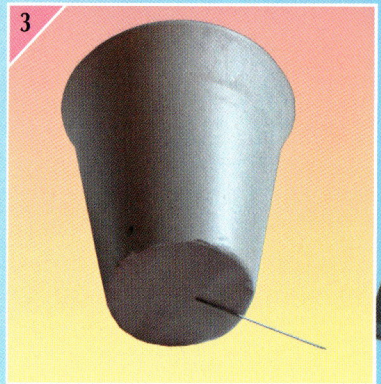

3. Enlève le fond du gobelet. Découpe un cercle de papier de la même taille et colle-le au gobelet. Fixe une aiguille à coudre au cercle comme il a été illustré ci-dessus.

4. Dépose le vinyle sur le dessus de la boîte en insérant le trou dans la paille. Découpe une petite languette de carton mince et plie-la au milieu. Colle un bout de la languette au gobelet et l'autre à la boîte de manière à ce que l'aiguille soit légèrement inclinée. Le carton plié agit comme un ressort en exerçant une pression descendante sur l'aiguille.

5. Fabrique un cône de papier et fixe-le au gobelet. S'il y a un déséquilibre de poids par rapport au cône, mets de la pâte à modeler dans le gobelet afin de maintenir le bout de l'aiguille sur le disque.

TOURNER LE DISQUE
Déplace délicatement le disque dans la même direction que pointe l'aiguille (un déplacement en sens inverse cause un enfoncement de l'aiguille).
Expérimente :
• la vitesse de rotation du disque (plus rapide, plus lente) ;
• la pression exercée sur l'aiguille, que tu peux modifier en rajoutant ou en enlevant de la pâte à modeler.

Musique branchée

Ton appareil maison fonctionne comme un vrai phonographe. Lorsqu'un sillon ondulé du disque entre en contact avec l'aiguille, cette dernière vibre. Les vibrations se transmettent à un diaphragme mince et souple (ici, c'est la base en papier du gobelet). La base vibre et émet des ondes sonores qui seront dirigées dans l'air.

Diaphragme qui vibre.

Ondes sonores dans l'air.

Sillons ondulés sur le disque.

Pointe de lecture (aiguille) rattachée au bras.

Historique

En 340 av. J.C., Aristote, le célèbre penseur et savant de la Grèce antique, avança l'hypothèse que la lumière et les sons puissent voyager dans les airs comme les vagues dans les océans et que, sans air, ils ne pourraient se déplacer.

En 60, le savant Gaius Pliny de la Rome antique avança l'hypothèse que la foudre et les coups de tonnerre dans un orage puissent découler du même phénomène, et que nous entendons les coups de tonnerre après avoir vu les éclairs puisque la vitesse de la lumière est plus rapide que celle du son.

En 1640, Marin Mersenne tenta de mesurer la vitesse du son en calculant la période de temps entre la décharge et la détonation d'un fusil à une certaine distance. Puisqu'il possédait pas de chronomètre, il prit son pouls pour le minutage. Il évalua le temps écoulé à 450 m/s.

En 1654, l'ingénieur Otto von Guericke inventa la première pompe à vide et aspira tout l'air emprisonné d'un contenant. En plaçant une cloche dans le récipient, alors que l'air était aspiré, le son de la cloche cessait peu à peu. Cette expérience prouva que l'air (ou toute autre substance) était nécessaire pour que les ondes sonores puissent voyager.

En 1845, Christian Doppler fait l'expérience d'une locomotive lancée sur des rails, ayant à son bord des trompettistes. Sur le bord de la voie se trouvent d'autres musiciens qui écoutent les variations sonores afin de vérifier les équations de Doppler.

En 1876, Alexander Graham Bell inventa un appareil capable de transformer les ondes sonores en impulsions électriques grâce à la transmission par fil. Son « télégraphe parlant » est aujourd'hui mieux connu sous le nom de téléphone.

En 1877, Thomas Edison fut le premier à enregistrer des sons et à les réécouter, en inventant le premier phonographe. Un de ses premiers enregistrements fut la comptine *Mary had a little lamb* (Mary avait un petit agneau).

En 1898, Vladimir Poulsen réalisa les premiers enregistrements magnétiques sur des fils métalliques : une version primitive du magnétophone.

En 1904, Emile Berliner lança la production en masse de disques plats ou disques de gramophone, mieux connus sous le nom de vinyles.

En 1927, le film *The Jazz Singer* comportait une bande sonore synchronisée aux images. Ce fut le premier « film parlant ».

En 1947, Charles « Chuck » Yeager fut le premier aviateur à dépasser la vitesse du son à bord de son avion-fusée, le Bell X-1.

En 1969, le Concorde franco-anglais effectua son premier vol. Il fut le seul avion commercial à voyager à des vitesses supersoniques.

En 1982-83 : début de la production en masse des enregistrements sonores sur DC (disques compacts).

GLOSSAIRE

Acoustique : science qui étudie les diverses caractéristiques du son.

Amplificateur : appareil servant à augmenter le niveau de puissance des signaux sonores (amplificateur acoustique) ou des signaux électriques (amplificateur électronique).

Amplitude : correspond au volume ou à l'intensité sonore.

Cochlée (limaçon) : partie de l'oreille interne en forme d'escargot, qui baigne dans un liquide et qui contient des poils minuscules. Elle transforme les vibrations sonores en signaux nerveux qui se rendent au cerveau.

Diaphragme : membrane souple et mince qui vibre lorsque des ondes sonores la traverse ou qui vibre en émettant des signaux sonores.

Écho : son causé par la réflexion des ondes acoustiques sur une surface dure capté par l'auditeur, distinct du son original.

Fréquence : en acoustique, c'est le nombre de longueurs d'onde émises par seconde relatives au ton (aigu ou grave).

Infrason : signal acoustique de fréquence trop basse pour être capté par notre ouïe (d'une fréquence généralement au-dessous de 20 longueurs d'ondes par seconde).

Hauteur du son (ton) : la hauteur d'un son varie selon la fréquence des vibrations.

Anche : en acoustique, c'est une languette fine et élastique conçue pour vibrer rapidement, et pour émettre des ondes sonores.

Insonorisation : formes ou substances permettant de réduire par isolation, déviation ou absorption les sons nuisibles.

Stéréo (stéréophonie) : écouter avec les deux oreilles, chacune d'entre elles captant des ondes sonores légèrement différentes et permettant de localiser la provenance du son.

Supersonique : voyager plus rapidement que la vitesse du son.

Ultrasons : vibrations acoustiques de fréquence trop élevée pour être captées par notre ouïe (d'une fréquence qui dépasse généralement 20 000 longueurs d'onde par seconde).

Vibration : type de mouvement d'aller-retour ou de côté depuis un point central.

Volume : l'intensité acoustique d'un son. Le volume est relié à la hauteur des ondes sonores.

INDEX

A
acoustique 5, 31
amplificateur 11, 31
amplitude 11, 31
anches 22, 31
atomes 6
avions 18, 24, 30

B
bande ou ruban magnétique 28, 30
Bell, Alexander Graham 26, 30

C
caisse de résonance 10, 11
chauves-souris 20
cochlée 15, 31
cordes vocales 22

D
dauphins 8
diaphragme 27, 29, 31
disques 28-30
disques compacts (DC) 28, 30

E
eau 8-9
écho(s) 8, 20, 31
Edison, Thomas 28, 30
effet Doppler 19, 30
énergie 10, 24-25
enregistrements sonores 28, 30
espace 5-6

F
fréquence 12-13, 19, 31

G
guitares 10, 22

H
hauteur de son (ton) 12-13, 19, 22-23, 28, 31
haut-parleurs 22, 27
hiboux 16

I
insonorisation 4, 24-25, 31

L
larynx 22
limaçon 15, 31

M
microphones 27
molécules 6
musique 24, 28

O
ondes sonores ou acoustiques 6-7, 8-11, 13-15, 18-21, 23-25, 27-29, 31
oreilles 14-15, 16-17, 31
ouïe 5

P
parole 5, 28
phonographe 28-30
pression de l'air ou atmosphérique 7

R
radio 5, 16-17, 20-21, 24-25
réflexion 20-21, 25

S
sonar 8
sous-marin 8
stéréophonie 16, 31
supersonique 18, 30-3

T
tambours 22
téléphone(s) 4, 26, 30
tonnerre 12, 30
trafic 5, 24

U
ultrasons 12, 31

V
vibrations 6-8, 11-15, 22-23, 27, 29, 31
vitesse du son 17-19, 30-31
volume 11, 17, 31

Y
yeager, Chuck 18, 30